BEI GRIN MACHT SICH IHR WISSEN BEZAHLT

- Wir veröffentlichen Ihre Hausarbeit,
  Bachelor- und Masterarbeit

- Ihr eigenes eBook und Buch -
  weltweit in allen wichtigen Shops

- Verdienen Sie an jedem Verkauf

Jetzt bei www.GRIN.com hochladen
und kostenlos publizieren

Smart Services. Ein Intermediär im Telekommunikationssektor

GRIN ☺

Bibliografische Information der Deutschen Nationalbibliothek:

Die Deutsche Nationalbibliothek verzeichnet diese Publikation in der Deutschen Nationalbibliografie; detaillierte bibliografische Daten sind im Internet über http://dnb.d-nb.de abrufbar.

ISBN: 9783346727008
Dieses Buch ist auch als E-Book erhältlich.

© GRIN Publishing GmbH
Nymphenburger Straße 86
80636 München

Alle Rechte vorbehalten

Druck und Bindung: Books on Demand GmbH, Norderstedt Germany
Gedruckt auf säurefreiem Papier aus verantwortungsvollen Quellen

Das vorliegende Werk wurde sorgfältig erarbeitet. Dennoch übernehmen Autoren und Verlag für die Richtigkeit von Angaben, Hinweisen, Links und Ratschlägen sowie eventuelle Druckfehler keine Haftung.

Das Buch bei GRIN: https://www.grin.com/document/1275905

Vorwort

Im Sinne einer verbesserten Lesbarkeit wird auf eine geschlechterspezifische Sprache verzichtet. Der Text richtet sich allerdings gleichermaßen und ungeachtet des Wortlautes an Frauen, Männer und diverse Personen.

Inhaltsverzeichnis

III. Abbildungsverzeichnis

III. Abkürzungsverzeichnis

vgl.	Vergleich
TK	Telekommunikation
B2B	Business to Business

1. Einleitung

Kündigen, um zu besseren Konditionen zu wechseln oder aus Bequemlichkeit beim alten Anbieter bleiben? Welcher Anbieter passt zum Unternehmen? Sollten Internet und Telefonie immer über den gleichen Anbieter gekauft werden, um einen besseren Service zu erhalten? Es gibt viele Fragen zu klären, wenn es um das Thema Telekommunikationsanbieter geht. Bereits 3.849 Unternehmen sind 2019 in der Telekommunikationsbranche tätig, der Trend steigt stetig (vgl. Tenzer, F. 2022). Jene Suche nach dem perfekten Angebot ist nicht nur zeitaufwendig und mühsam, vielmehr läuft man Gefahr potenzielle Schnäppchen zu versäumen und sich für die falschen Verträge zu entscheiden.

Aus diesem Grund ist es das Ziel von diesem Projektbericht, ein Geschäftsmodell zu entwickeln, bei dem Telekommunikations-Anbieter ihre Dienste anbieten und Endkunden diese bequem online kaufen können. Der Verbraucher bekommt eine optimale Übersicht über den Markt und kann passende Angebote vergleichen. Dadurch lässt sich nicht nur Zeit sparen, die Kunden haben auch das Gefühl, dass sie durch den Überblick über alle Anbieter eine gute Wahl getroffen haben. Dank einer einfachen technischen Handhabung wird es auch technisch Unerfahrenen möglich sein, die Tarife zu vergleichen, Verträge zu kündigen und einen neuen Vertrag über die Plattform abzuschließen. Die Dienstleistungen werden einzeln und auch als gebündeltes Gesamtpaket angeboten.

Damit die Projektidee wirtschaftlich lukrativ umgesetzt werden kann, wird das Unternehmen als Intermediär auftreten und für jeden Vertragsabschluss eine Provision erhalten. Der Intermediär wird die Verwaltung der gebuchten Produkte und Dienstleistungen übernehmen und diese in einem B2B Szenario vertreiben. Als weitere Einnahmequelle könnten auf der Plattform Werbeanzeigen geschaltet werden.

Die Plattform Smart Search wird als Vergleichsportal im Telekommunikationssektor dienen. Sie wird bereits etablierten als auch neuen TK-Anbietern die Möglichkeit geben, ihre Produkte und Dienstleistungen anzubieten. Der Endkunde, in diesem Fall nur Geschäftskunden, können sich, nachdem sie bestimmte Suchkriterien angegeben haben, für den Anbieter ihrer Wahl entscheiden. Die Produkte und Dienstleistungen können anschließend direkt über die Plattform Smart Search erworben werden. Die Schwerpunkte werden darauf liegen, dem Endkunden eine transparente Plattform zu bieten und den Anbietern die Möglichkeit zu geben, ihre Produkte einer großen Reichweite anzubieten.

Die Vorbereitung auf das Projekt startete zunächst mit einem Brainstorming, in dem alle Ideen gesammelt werden. Anschließend wird ein Geschäftsmodell mithilfe des Business Model Canvas analysiert, entwickelt, überarbeitet und final erstellt.

1.1. Ausgangssituation

Möchte man einen neuen Telekommunikationsvertrag abschließen, kommt es meistens darauf an, dass die eigenen Bedürfnisse, sei es der Preis oder der Kundenservice, erfüllt werden. Der Endkunde möchte mit wenig Zeitaufwand einen personalisierten Service zu einem guten Preis haben. Auf der erstellten Plattform Smart Search wird es möglich sein, individuell auf die eigenen Bedürfnisse einzugehen. Der Kunde kann einzelne oder auch gebündelte Angebote erwerben. Es wird möglich sein, alte Verträge kündigen zu lassen und problemlos zu einem neuen Anbieter zu wechseln. Gerade für kleine und mittelständische TK-Anbieter ist es wichtig, dass die angebotenen Leistungen von vielen Kunden gesehen werden, damit sie ihren Marktanteil und ihre Bekanntheit vergrößern können. Ihre eigene Marketing-Power reicht oft nur für die lokalen Märkte aus (vgl. Hebenstreit 2016).

1.2. Ziel des Projektes

Ziel des Projektes ist es, ein Konzept auszuarbeiten, welches anhand eines Business Model Canvas erstellt wird. Es soll ein neues Geschäftsmodell mithilfe von Smart Services geschaffen werden, welches den Schwerpunkt darauflegt, ein Vergleichsportal für Telekommunikationsanbieter zu erschaffen. Hierbei kann dank neuer Möglichkeiten das Buchen von Telekommunikationsdiensten effizienter und transparenter gestaltet werden.

1.3. Methodik

Der Fokus dieser Projektarbeit wird vor allem auf dem Vergleich von der aktuellen und bekannten Situation mit den möglichen smarten Alternativen liegen. Dazu wird eine Literaturrecherche vorgenommen, die dabei helfen soll, alle wichtigen Aspekte herauszuarbeiten und diese später zu einem neuen möglichen Geschäftsmodell zu erfassen.

Nach der Literaturrecherche wird das Projekt strukturiert, indem ein Projektplan erstellt wird, der alle weiteren Schritte beinhaltet. In ihm wird das Projekt in verschiedene Meilensteine eingeteilt, die dafür sorgen, dass alle wichtigen Punkte und Arbeitsschritte vorgenommen werden.

Um aus dem Konzept ein Geschäftsmodell zu entwickeln, wird das Business Model Canvas herangezogen. Die Business Model Canvas Methode geht auf Alexander Osterwalder und Yves Pigneur aus dem Jahr 2011 zurück. Sie veröffentlichten das Buch „Business Model Generation: A handbook for Visionairs, Game Changer, and Challengers". Die mittlerweile weltweit verbreitete Methode hat den Zweck nach einem strategischen Modell ein Geschäftsmodell zu analysieren, zu entwickeln und zu passende Strategien daraus zu entwickeln.

Das Business Model Canvas besteht aus neun Bausteinen, die hier zunächst benannt und kurz erläutert werden sollen.

Der erste Baustein stellt die Kundensegmente (Customer Segments) dar. Diese definieren die verschiedenen Gruppen von Personen und Organisationen, die ein Unternehmen erreichen möchte.

Um den Anforderungen der Kunden zu entsprechen, unterteilen Unternehmen die Kunden in verschiedene Segmente, um gemeinsame Bedürfnisse und weitere Merkmale herauszuarbeiten und zu fokussieren. So soll die Zufriedenheit sichergestellt werden.

Der zweite Baustein ist das Wertangebot (Value Propositions). Beschrieben wird hier das Paket von Produkten und Dienstleistungen, das für ein bestimmtes Kundensegment Wert schöpft. Das Wertangebot ist der ausschlaggebende Grund, aus dem sich Kunden gegen die Konkurrenz und für einen entscheiden. Das Wertangebot löst somit ein Kundenproblem oder stillt ein vorhandenes Kundenbedürfnis. Es setzt sich aus einem Paket aus Produkten und / oder Dienstleistungen zusammen, die dazu beitragen das Kundenproblem zu lösen oder ein vorhandenes Kundenbedürfnis zu stillen.

Über sogenannte Kanäle (Channels) erreichen die Unternehmen ihre Kundensegmente, dabei handelt es sich bei den Kanälen um den dritten Baustein. Sie dienen nicht nur dazu das erwähnte Wertangebot zu verbreiten, sondern sind zudem dazu da, um den Kunden nach dem Kauf weiter zur Seite zu stehen.

Der vierte Baustein stellt die Kundenbeziehungen (Customer Relationship) dar. Er beschreibt, wie Unternehmen mit Kundensegmenten Beziehungen eingehen und wie diese gepflegt werden. Die Kundenbeziehungen, die das Unternehmen anstrebt, nehmen Einfluss auf die Erfahrung, die der Kunde mit dem Unternehmen erlebt.

Baustein Nummer fünf sind die Einnahmequellen (Revenue Streams). Die Einnahmequellen bestimmen, woher die Einkünfte kommen, die sich aus Umsatz abzüglich der Kosten zusammensetzen. Wichtig ist herauszufinden, welchen Preis die Kunden aus dem gewählten Kundensegment bereit sind für das Wertangebot zu zahlen.

Der sechste Baustein beschreibt die Schlüsselressourcen (Key Resources). Damit das Funktionieren des Geschäftsmodell gewährleistet werden kann, sind Wirtschaftsgüter notwendig. Diese werden unter den Begriff Schlüsselressourcen gesammelt.

Der siebte Baustein beschreibt die Schlüsselaktivitäten (Key Activities). Hier werden die Aktivitäten dargestellt, die dafür sorgen, dass das Geschäftsmodell aufgeht und erfolgreich wird.

Baustein acht sind die Schlüsselpartnerschaften (Key Partners), die das gesamte Netzwerk von Lieferanten und Partnern zeigen und somit ein wichtiger Bestandteil des Unternehmenserfolges sind.

Der neunte und letzte Baustein ist die Kostenstruktur (Cost Structure). Hier werden alle Kosten, die bei der Ausführung des Geschäftsmodells aufkommen, zusammengetragen. Um alle Kosten möglichst genau zu ermitteln, hilft es alle anderen Bausteine fertig geplant zu haben. So können die Kosten anhand der Schlüsselressourcen, -aktivitäten und -partnerschaften kalkuliert werden. Je nach Geschäftsmodell kann es sich um eine niedrige oder eine hochpreisige Kostenstruktur handeln (vgl. Osterwalder & Pigneur 2011, S. 20 – 46).

2. Grundlegende Begriffe und Technologien

2.1. Smart Services

Smart Service beschreibt eine digitale Dienstleistung, die Daten durch intelligente technische Systeme und Plattformen erfasst und analysiert. Die entstandenen Informationen und Wertangebote können anschließend über digitale Marktplätze und Schnittstellen verkauft werden. Smart Services sind kunden- und nutzenzentriert und werden meistens über Plattformen vermarktet. Sie sind meist zu jeder Zeit und an jedem Ort zugänglich. Die Daten werden in Echtzeit aktualisiert, sodass die Kunden immer genaue Daten abrufen können (vgl. Pöppelbuß, J. o.J.).

2.2. Intermediär

Intermediäre bringen Anbieter und Nachfrager über eine Plattform zusammen. Sie verwalten und betreuen beide Gruppen und können so die Kontrolle über die Kundenschnittstelle erlangen. Der Intermediär steht zwischen dem Kunden und dem Anbieter und dient als Vermittler. Sobald der Kunde die Leistung über den Intermediär gebucht hat, liefert der Anbieter an den Kunden. Der Kunde zahlt an den Anbieter und der Intermediär erhält die vertraglich vereinbarte Vermittlungsprovision (vgl. Kagermann 2014, S.67ff).

2.3. Intermediär-Geschäftsmodell

Das Geschäftsmodell des Intermediäres besteht aus vier Grundprinzipien: Verhalten fokussieren, Geschäftsmodell flexibilisieren, Dynamik / Schnelligkeit und evolutionäre Struktur und Arbeitsweise. Verhalten fokussieren meint, dass das Unternehmen einen einfacheren Zugang zu Leistungen und so auch zum Markt hat. Es kann somit ein schneller Umsatz generiert werden. Der Kunde bekommt eine passgenaue Dienstleistung oder ein passgenaues Produkt angeboten (vgl. Hebenstreit 2016). Ein bekanntes Beispiel ist check24.de.

Dadurch, dass der Intermediär einen Großteil der Wertschöpfung an seine Partner auslagert, kann das Geschäftsmodell flexibilisiert werden. Die Basis des Geschäftsmodells bildet ein digitales System aus Webangebot, Anfragestrecke und eCRM (Electronic Customer-Relationship-Management bzw. eBeziehungsmanagement zum Kunden). Weitere fachliche Bereiche können mit einem geringen Aufwand ergänzt werden. Es wird mit der Zeit eine detaillierte Kundendatenbank angelegt (vgl. Hebenstreit 2016). Bekannte Beispiele sind Amazon und Netflix.

Dynamik und Schnelligkeit, beschreibt die leichte Skalierbarkeit und Anpassungsfähigkeit der digitalen Technologien. Da die digitalen Technologien die Basis der Geschäftsmodelle sind, ist es denkbar, neue Werte- und Nutzenversprechen direkt mit den Kunden zu testen. Durch Auslagerung der Tätigkeiten an Partner entsteht nur ein geringes Risiko. Das Unternehmen kann schnell und unkompliziert auf Entwicklungen am Markt reagieren und sich anpassen.

Die evolutionäre Struktur und Arbeitsweise beschreiben die Möglichkeiten, die dadurch entstehen, dass Intermediäre nur in digitalen Systemen tätig sind. Es ist möglich, sämtliche Vorteile des Lean-Start-ups und des Customer Developments zu nutzen und passgenaue Angebote für Unternehmen und Endnutzer kontinuierlich zu verbessern und weiterzuentwickeln (vgl. Hebenstreit 2016). Intermediäre agieren meistens in Märkten ohne oder mit einer schlechten Transparenz, die Kunden haben somit oft keinen Überblick über die Angebote in diesem Markt. Intermediäre schaffen mit ihrem Angebot somit Sichtbarkeit, Zugang zu zuvor ungenutzten Ressourcen und ermöglichen es Bewertungen für Produkte und Dienstleistungen abzugeben oder sich auf zuvor abgegeben Bewertungen zu beziehen (vgl. Hebenstreit 2016).

2.4. Telekommunikation und Telekommunikationsanbieter

Tauschen ein Sender und ein Empfänger eine Nachricht oder Information über eine größere Entfernung aus, so spricht man von Telekommunikation. Früher basierten die Telekommunikationssysteme auf Feuerzeichen, Signaltrommeln oder Ähnlichem. Aktuelle Beispiele dafür sind die Telefonie oder das Internet (vgl. Conrads, D. 2004, S. 1-7). Telekommunikationsanbieter sind somit Unternehmen, die Leistungen wie Telefonie, Mobilfunk, Internet und TK-Anlagen anbieten. Bekannte Anbieter in Deutschland sind die Deutsche Telekom und Vodafone.

3. Projektaufbau

3.1. Projektstrukturplan

Für eine strukturierte Umsetzung des geplanten Projektes, wird zunächst ein Projektstrukturplan erstellt. Dieser dient als roter Faden, der sich durch dieses Projekt ziehen wird.

Begonnen wird mit einer Stakeholderanalyse. Hier werden die Anspruchsgruppen identifiziert, um das geplante Geschäftsmodell exakt auf diese anzupassen. Der Vorgang dient vor allem dem späteren Erfolg des Geschäftsmodells, da so ein maßgeschneidertes Konzept für den Kunden erstellt wird.

Anschließend wird eine Infrastrukturanalyse vorgenommen. Hier wird der aktuelle Ist-Zustand festgehalten und geprüft, welche Potenziale sich mithilfe moderner Angebote ausschöpfen lassen können. Das Ergebnis wird in einem Soll-Zustand dargestellt. Das Ergebnis hält fest, welche Möglichkeiten durch Veränderungen der aktuellen Infrastruktur möglich sind.

Abschließend wird mithilfe des Business Model Canvas ein Geschäftsmodel erstellt. Dieses wird visualisiert und für externe Betrachter verständlich dargestellt. Mithilfe des Geschäftsmodells wird zuletzt noch eine konkrete Umsetzung des geplanten Konzeptes vorgestellt.

3.2. Stakeholderanalyse

Um das Konzept der Plattform für den Verkauf von TK-Diensten zu erstellen, muss vorerst geklärt werden, für wen dieses Angebot erstellt wird.

Es muss festgestellt werden, welche Eigenschaften und Bedürfnisse die Nutzer haben. Die Plattform soll nur für Unternehmen, also im B2B-Modell, zugänglich sein. Die Endkunden sind Unternehmen, die die Telekommunikationsangebote für ihr Unternehmen nutzen möchten. Die Anbieter sind Telekommunikationsanbieter, welche über die Plattform ihre Produkte an Unternehmen verkaufen können.

Die Endkunden suchen ein auf das Unternehmen zugeschnittenes Angebot. Außerdem möchten sie, dass der Kauf unkompliziert, schnell und sicher abläuft. Sie möchten alle Informationen auf einen Blick haben und die Möglichkeit des online Vergleichens nutzen, um am Ende die richtigen Telekommunikationsleistungen von einem zu ihnen passenden Anbieter zu erwerben.

Die zweite Anspruchsgruppe sind die Telekommunikationsanbieter. Sie sind darauf angewiesen, dass ihre Dienste an möglichst viele Personen verkauft werden, damit sie maximalen Gewinn erwirtschaften können. Die TK-Anbieter haben auf der Plattform die Möglichkeit die TK-Dienste einzeln und gebündelt zu verkaufen, um allen Kundenwünschen zu entsprechen.

Um die Anspruchsgruppen anschaulicher zu beschreiben, werden zwei Personas vorgestellt.

Zum einem P. Farbenfroh KG. Bei diesem Unternehmen handelt es sich um ein lang etabliertes Malergewerbe, welches mit Rund 20 Mitarbeitern im Kreis Hannover arbeitet. Um eingehende Aufträge schnell zu bearbeiten, benötigen sie eine stabile Internetverbindung und einen funktionierenden Telefonanschluss. Beides muss keine premium Qualität haben, jedoch sollte es einen schnellen Kundensupport bei Problemen geben, um Ausfälle schnellstmöglich zu beheben. Fällt die Verbindung im Unternehmen weg, können sie keine Aufträge entgegennehmen und verlieren möglicherweise nicht nur Geld sondern auch ihren guten Ruf.

Persona zwei ist der TK-Anbieter Timobil GmbH. Es handelt sich um einen Telekommunikationsanbieter, der hauptsächlich Internet- und Telefonieprodukte an seine Kunden verkauft. Timobil GmbH ist ein noch eher unbekanntes kleines Unternehmen und hat 24 Mitarbeiter. Sie möchten in den nächsten Jahren wachsen und sehen die Zusammenarbeit mit Smart Search als Chance, um bekannter zu werden und ihren Umsatz zu erhöhen. Dadurch, dass sie aktuell noch wenige Kunden bedienen, können sie mit einer schnellen Bearbeitungszeit und einer persönlichen Kundenbetreuung bei Problemen punkten. Da ihnen diese Kundenbetreuung sehr wichtig ist, möchte das Unternehmen bei wachsenden Kundenzahlen nicht an dem Service einsparen, sondern weitere Kundenbetreuer einstellen, um diesen Dienst immer zu gewährleisten.

Die Personas werden im späteren Verlauf des Berichtes wieder aufgegriffen.

3.3. Infrastrukturanalyse

Im Jahr 2021 haben rund 98 % aller Unternehmen in Deutschland einen Internetzugang (vgl. Rabe, L. 2022). Daher ist es nicht verwunderlich, dass sich von 2009 bis 2019 die Anzahl der deutschen Unternehmen die TK-Dienste anbieten von 1.742 auf 2.471 erhöht hat (vgl. Tenzer, F. 2022). Da nicht alle Unternehmen den gleichen Anspruch an die Telekommunikationsdienstleistungen haben, ist es wichtig zwischen den Ansprüchen zu differenzieren und passende Produkte bereitzustellen. So benötigt ein Getränkemarkt mit fünf Mitarbeitern im Normalfall nicht die gleiche Anbindung wie ein Konzern mit 50.000 Mitarbeitern, welcher in der IT-Branche tätig ist.

Aus diesem Grund gibt es eine Menge verschiedener Möglichkeiten Unternehmen mit Telekommunikationsdienstleistungen zu versorgen. Die Endkunden können beispielsweise zwischen einer DSL-, Glasfaserleistung oder einer UMTS / LTE Lösung auswählen. Ebenso viel Auswahl gibt es in der Telefonie und TK-Anlagen Bereich.

Allein in Deutschland gab es 2020 knapp 3,03 Millionen umsatzsteuerpflichtige Unternehmen (vgl. Rudnicka, J. 2022). Wenn davon knapp 98 % einen TK-Dienst benötigen, zeigt das, dass es einen Markt für Smart Search gibt (vgl. Rabe, L. 2022). Eine Befragung aus 2018 bestärkt diesen Gedanken, da 40 % dabei angaben, dass sie manchmal Vergleichsportale nutzen, 18 % nutzen sie häufig, 25 % selten und nur 14 % nie (vgl. Rabe, L 2022).

3.4. Business Model Canvas

Abbildung 1: Business Model Canvas "Smart Search"

Business Model Canvas "Smart Search"				
Key Partners:	**Key Activities:**	**Value Proposition:**	**Customer Relationships:**	**Customer Segments:**
- TK- Anbieter	- Plattform-development und Betrieb	- Vergleich von vielen TK-Angeboten	- Plattform	- Werbekunden
			- online	- Nutzer von
		- Aufträge auch als	Beziehung	Telekommunikation
	Key Resources:	Bündel abschließen	**Channels:**	
	- Software		- online	
	- Entwickler			
	- Netzwerk			
	- TK Anbieter			
Cost Structure:		**Revenue Streams:**		
- Plattform Entwicklung		- Provision durch Abwicklung der Aufträge		
- Gehälter		- Werbeumsätze		

Das angestrebte Konzept soll die Anbieter der TK- Dienste und die Endkunden durch die Plattform Smart Search verbinden. Die TK-Anbieter haben mithilfe von Smart Search eine große Reichweite und der Kunde hat die Möglichkeit ein für sich passendes Angebot zu finden. Wie genau das geschehen soll, wird im Folgendem dargestellt.

Die Basis bilden die Plattform Smart Search und die angebotenen Telekommunikationsleistungen der TK-Anbieter. Es wird den TK-Anbietern möglich sein mit Smart Search einen Vertrag einzugehen, in diesem verpflichtet sich der TK-Anbieter dazu, seine Leistungen ausschließlich über Smart Search anzubieten. Selbst wenn der Endkunde auf die Homepage des TK-Anbieters geht, wird dieser zu Smart Search weitergeleitet, da der Abschluss der Bestellung nur über diese Plattform möglich sein wird. So wird gewährleistet, dass die Leistung, wie vertraglich festgehalten, nur durch den Intermediär vermittelt werden kann. Es wird möglich sein, Telefonie, Mobilfunk, Internet und TK-Anlagen der TK-Anbieter einzeln oder als Paket zu erwerben. Sucht man beispielsweise nach einer Internetanbindung für sein Unternehmen, kann man auswählen, was für das Unternehmen besonders wichtig ist. Eingeteilt wird das Ergebnis in Preissieger, dem Kundensupportsieger, dem Nachhaltigkeitssieger und den Anbieter, der die beste verfügbare Leistung anbieten kann. Um ein personalisiertes Angebot zu bekommen, benötigt die Plattform Infos zum Standort und wie viele Personen den Anschluss regelmäßig nutzen. Anschließend muss der Endkunde die Kriterien Preis, Kundensupport, Nachhaltigkeit und Leistungsqualität von sehr wichtig zu nicht wichtig einordnen.

Sucht man Preisorientiert, werden die Angebote nach den Preisen aufsteigend sortiert, die wichtigsten Daten zum Anbieter werden übersichtlich in einem kleinen Feld angezeigt und der Kunde kann sich zwischen den Anbietern entscheiden oder diese zu einem ausführlicheren Vergleich auf eine Vergleichsliste legen.

Sucht der Kunde nach dem besten Kundensupport, werden die Anbieter nach der durchschnittlichen Dauer in der Warteschleife sortiert. Dabei wird auch angegeben, wie lange es im Durchschnitt dauert, bis das Problem oder Anliegen tatsächlich behoben wurde.

Bei der Nachhaltigkeitssuche wird nicht nur auf das TK-Unternehmen direkt geguckt, sondern auch auf die Lieferanten und Vertriebspartner der TK-Anbieter. Um in der Suche oben zu landen, prüft Smart Search beispielsweise die Energieeffizienz und ob auf die Verwendung von nachhaltigen Rohstoffen geachtet wird.

Bei der Sortierung nach der Leistungsqualität wird geprüft wie häufig Störungen in der Vergangenheit aufgetreten sind.

Da Unternehmen oft mehr als nur eine TK-Leistung benötigen, ist es bei Smart Search möglich Pakete zusammenstellen. Diese Pakete können bei Bedarf über einen TK-Anbieter erworben oder aus verschiedenen TK-Anbietern zusammengestellt werden.

Um das Konzept zu verdeutlichen, wird die P. Farbenfroh KG ein Bündel an Leistungen über die Plattform Smart Search buchen. Die P. Farbenfroh KG wird in zwei Monaten ihren Standort wechseln und ist nun auf der Suche nach einem passenden TK-Angebot. Wie bereits in der Beschreibung der Persona erwähnt, ist dem Unternehmen ein schneller Support bei einem Ausfall oder anderen Störungen sehr wichtig.

Herr Klaus aus der Verwaltung hat den Auftrag bekommen sich um den Einkauf der Leistungen zu kümmern, er soll einen Telefonanschluss und eine Internetleitung zum Umzugsdatum ordern. Herr Klaus geht dazu auf Plattform Smart Search und klickt alle Produkte an, die ihn als Paket interessieren. Danach gibt er an wie viele Nutzer regelmäßig die TK-Leistungen in Anspruch nehmen werden und sortiert die vier Kriterien. Der Kundensupport ist ihm sehr wichtig, daher bekommt dieser Punkt die erste Priorität, den Preis ordnet er als zweite Priorität ein, die Nachhaltigkeit bekommt die dritte Priorität und als Priorität vier nennt er die Leistungsqualität. Nachdem er in ein weiteres Feld die neue Adresse des Unternehmens und die gewünschte Laufzeit der Verträge angegeben hat, sortiert Smart Search alle Ergebnisse passend zum Kundenwunsch. Im nächsten Schritt muss sich Herr Klaus nur noch zwischen den Ergebnissen entscheiden. Um diese Entscheidung zu vereinfachen, kann er bis zu drei Favoriten auswählen und alle Konditionen in einer Listenübersicht vergleichen. Die Angebote sind 48 Stunden bindend, danach können sich die Preise ändern. Hat Herr Klaus sich für ein Bündel entschieden, klickt er auf das passende Angebot und kann in einer Übersicht noch einmal alle relevanten Fakten prüfen. Passen die Fakten, klickt er auf Vertrag verbindlich abschließen. Im nächsten Schritt wird er gefragt, ob es einen Vorgängervertrag gibt, der von Smart Search gekündigt werden soll. Anschließend werden alle relevanten Fakten an den TK-Anbieter weitergeleitet, damit der Auftrag bearbeitet werden kann.

Smart Search tritt hier als Vermittler auf. Sie stellen Angebote von ihren Vertragspartnern bereit und übernehmen die Verkaufsabwicklung für die Telekommunikationsanbieter. Smart Search kann so an dem Vertrieb von Telekommunikationsleistungen beteiligt sein, ohne direkter Anbieter von TK-Leistungen zu sein. Sie müssen den Kunden durch kostenintensives Marketing und reibungslose Abläufe an sich binden. In diesem Fall ist der ausgewählte Vertrag von der Timobil GmbH. Bis vor kurzem hat die Timobil GmbH noch Kaltaquise durchgeführt und mühsam nach Kunden gesucht, jetzt tauchen sie bei Smart Search auf und werden monatlich mindestens 10.000 Kunden vorgeschlagen. Da Timobil besonderen Wert auf schnelle und persönliche Problemlösung legt, haben sie nur positive Bewertungen und werden immer wieder Kunden wie der P. Farbenfroh KG vorgeschlagen. Die Timobil GmbH hat mit Smart Search eine Provision über neun Prozent pro ausgestellte Rechnung vertraglich ausgemacht. Das bedeutet, dass sie jeden Monat mit der Erstellung der Ausgangsrechnung an den Kunden neun Prozent des Betrags an Smart Search überweisen. Die Plattform gibt Timobil die Möglichkeit sich auf ihr Hauptgeschäft zu konzentrieren, ohne beispielsweise Budget für Werbung auszugeben. Sie benötigen auch keine Ressourcen mehr für den Vertrieb, da Smart Search all diese Aufgaben für sie übernimmt. So kann Timobil bei wachsendem Kapital dieses in neue Techniker und Kundenberater investieren oder die anderen Kriterien wie Nachhaltigkeit ausbauen, um mehr Kunden auf der Plattform angezeigt zu werden.

Dieses Beispiel soll zeigen, dass es nicht nur für den Endkunden Vorteile bringt über Smart Search Angebote zu erwerben, sondern auch für den Anbieter der Telekommunikationsleistungen, da er statt in Werbung in seine Kernkompetenz investieren kann. Die Verknüpfung der verschiedenen

Leistungen macht es möglich, dass die Endkunden bequem und effizient die gewünschten Leistungen vergleichen und kaufen können ohne viel Zeit und somit auch Geld für die Suche zu investieren. Durch den steigenden Absatz der TK-Anbieter und der Einsparungen durch die abgegebenen Aufgabenbereiche an den Intermediär, wird es möglich sein, die Leistungen günstiger als über den eigenen Vertrieb anzubieten.

Die dadurch entstandene Transparenz gibt dem Nutzer die Chance selbst zu entscheiden, welche Leistungen er in Anspruch nehmen möchte. Dem Anbieter gibt es den Anreiz in allen wichtigen Kategorien besser zu werden, da der Wettbewerb auf Vergleichsportalen enorm ist.

4. Abschluss

4.1. Reflexion

Abschließend lässt sich sagen, dass gerade die verschiedenen Anspruchsgruppen eine große Herausforderung sind, um eine Plattform optimal für sie zu generieren. Man kann zwar eine gute Option bereitstellen, jedoch werden einige Nutzer sicherlich weiterhin auf die gewohnte Suche oder die bekannten großen Anbieter zurückgreifen. Der Fokus liegt darauf, den Markt transparent zu machen, den kleineren Anbietern eine größere Reichweite zu geben und den Endkunden ein Produkt zu liefern, welches maßgeschneidert auf ihre Anforderungen ist. Dabei ist es wichtig, dass Smart Search genügend Geld einnimmt, um sich selbst am Markt zu etablieren.

4.2. Ausblick

Wichtig ist, dass die Plattform TK-Anbieter und Endkunden unkompliziert zusammenbringt. Smart Search wird es auch technisch unerfahrenen Personen ermöglichen einen passenden Tarif für sie zu finden, da die Abwicklung von der Produktauswahl bis zum Vertragsabschluss sehr einfach gehalten ist. Es haben bereits 98 % aller deutschen Unternehmen zumindest einen Internetanschluss (vgl. Rabe, L. 2022). Mithilfe von Smart Search können diese, falls sie unzufrieden sind, unkompliziert zu einem passenderen Vertrag wechseln. Die restlichen zwei Prozent ohne einen Internetanschluss, können diesen oder andere TK-Dienste bei Bedarf mithilfe von Smart Search einfach und schnell abschließen. Smart Search gibt den TK-Anbietern durch die Priorisierung der Hauptkriterien die Möglichkeit mit ihren Kernkompetenzen zu glänzen. Smart Search zeigt dem Kunden genau welche Leistungen sie bei welchem TK-Anbieter erwarten und kann so Kunden finden, die perfekt zum TK-Anbieter passen. Das sorgt dafür, dass eine gute Kundenbeziehung entsteht und er nicht direkt nach der Vertragslaufzeit zu einem anderen Anbieter wechseln möchte.

III. Literaturverzeichnis

Conrads, D. (2004): Telekommunikation: Grundlagen, Verfahren, Netze. Friedr. Vieweg & Sohn Verlag / GWV Fachverlage GmbH, Wiesbaden, S.1-7.

Hebenstreit, K. (2016): Das Intermediär-Geschäftsmodell (Analyse) (URL: https://www.manymize.com/das-intermediär-geschäftsmodell [Letzter Zugriff: 05.04.2022])

Kagermann, H. (2014): Industrie 4.0 und die Smart Service-Welt. Dienstleistungen für die digitalisierte Gesellschaft. In: Boes, A. (Hrsg): Dienstleistung in der digitalen Gesellschaft. Beiträge zur Dienstleistungstagung des BMBF im Wissenschaftsjahr 2014. Campus Verlag GmbH, Frankfurt a. M., S. 67-76.

Osterwalder, A. / Pigneur, Y. (2011): Business Model Generation: Ein Handbuch für Visionäre, Spielveränderer und Herausforderer. Campus Verlag GmbH, Frankfurt am Main.

Pöppelbuß, J. (o. J.): Smart Service. (URL: https://www.enzyklopaedie-der-wirtschaftsinformatik.de/lexikon/informationssysteme/Sektorspezifische-Anwendungssysteme/smart-service [Letzter Zugriff: 05.04.2022])

Rabe, L. (2022): Anteil der Unternehmen mit Internetzugang in Deutschland bis 2021. (URL: https://de.statista.com/statistik/daten/studie/151763/umfrage/anteil-der-unternehmen-mit-internetzugang-in-deutschland/ [Letzter Zugriff: 05.04.2022])

Rabe, L. (2022): Nutzen Sie Vergleichsportale im Internet? (URL: https://de-statista-com.pxz.iubh.de:8443/statistik/daten/studie/951120/umfrage/nutzung-von-vergleichsportalen-im-internet-in-deutschland/ [Letzter Zugriff: 06.04.2022])

Rudnicka, J. (2022): Anzahl der umsatzsteuerpflichtigen Unternehmen in Deutschland von 2002 bis 2020. (URL: https://de-statista-com.pxz.iubh.de:8443/statistik/daten/studie/246358/umfrage/anzahl-der-unternehmen-in-deutschland/ [Letzter Zugriff: 06.04.2022])

Tenzer, F. (2022): Anzahl der Unternehmen in der Telekommunikationsbranche in Deutschland in den Jahren 2009 bis 2019. (URL: (https://de.statista.com/statistik/daten/studie/702001/umfrage/anzahl-der-unternehmen-in-der-telekommunikationsbranche-in-deutschland/ [Letzter Zugriff: 05.04.2022])

BEI GRIN MACHT SICH IHR WISSEN BEZAHLT

- Wir veröffentlichen Ihre Hausarbeit,
  Bachelor- und Masterarbeit

- Ihr eigenes eBook und Buch -
  weltweit in allen wichtigen Shops

- Verdienen Sie an jedem Verkauf

Jetzt bei www.GRIN.com hochladen und kostenlos publizieren